Jag är inte en groda utan ben

Susanna Wallrup

Tack
Jag vill börja med att tacka mina föräldrar som finns för mig i ur
och skur. De finns alltid där, hur jag än mår. Jag skulle aldrig klara
mig utan deras stöd.

Jag vill tacka Sara Aniyar, min stödperson, som alltid har velat läsa
mina dikter och peppat mig till att fortsätta att skriva.
Tack till Bengt O Björklund som har hjälpt mig att gå igenom mina
dikter och gett mig tips.

Jag vill även tacka min morbror Stig Engelhardt som har hjälpt mig
med layouten.

Bilderna iboken är fotografierav Susannas tavlor.
Layout &Design: Engelhardt Design& Kommunikation AB
ISBN: 978-91-8080-738-8
© 2024 Susanna Wallrup
Förlag: BoD · Books on Demand, Östermalmstorg 1,
114 42 Stockholm, bod@bod.se
Tryck: Libri Plureos GmbH, Friedensallee 273,
22763 Hamburg, Tyskland

Förord

"Jag är inte en groda utan ben" är min första diktsamling och jag hoppas att kreativiteten håller i sig så det blir flera böcker.

Jag har känt mig som en groda utan ben hela mitt liv, alltså hopplös, men så känner jag mig inte längre.

Jag är glad och stolt att det blev en bok till slut.

Två av mina största intressen är att skriva och pyssla. Jag skriver och pysslar flera timmar varje dag.

Jag skriver och pysslar som ångesthantering, men jag gör det även när jag är glad och mår bra.

Jag hoppas att denna diktsamling kan hjälpa andra lika mycket som den har hjälpt mig.

När jag skriver får jag ner mina tankar på papper och kan läsa och ändra det som jag har skrivit.

Jag har ingen utbildning, men jag har enormt mycket erfarenhet av det verkliga livet.

Kanske känner du igen dig i mina tankar och känslor.

Mina känslor beskriver jag genom att till exempel skriva om väder, djur och natur.

Hopp

Jag har känt mig som en groda utan ben,
men en groda utan ben är hopplös.
Jag har känt mig hopplös.
Benen kommer fram ibland.
Hoppas att jag en dag
kan hoppa högt och långt.
Mitt liv är inte hopplöst.
Jag hoppas att det en dag
finns en framtid även för mig.

Du duger

Du kan mer än vad du tror.
Du gör så gott du kan.
Det viktigaste är
att du gör ditt bästa.

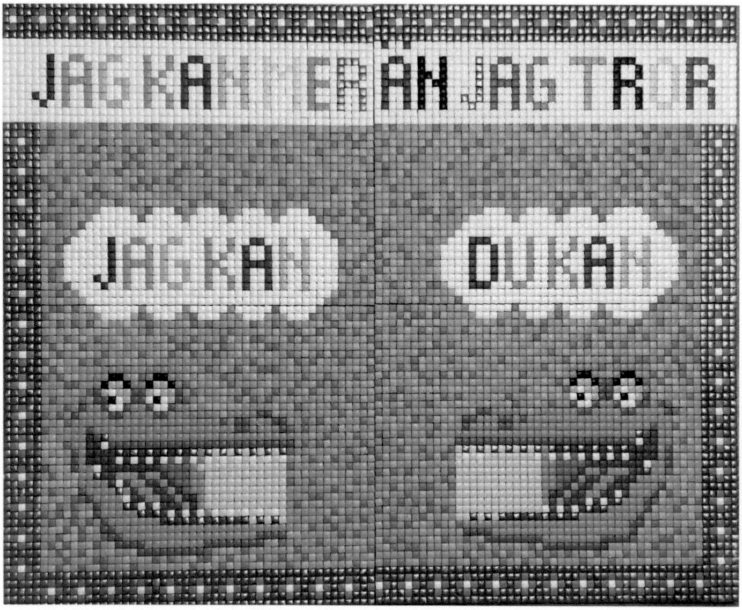
JAG KAN MER ÄN JAG TROR
JAG KAN
DU KAN

Göra någon glad

Jag bjuder dig på mat.
Du blir glad.
Blir du glad blir jag gladare.
Jag har gjort dig glad.
Härligt att göra någon annan glad.

Önskningar

Önskar något när jag hittar en fyrklöver.
Önskar något när det är nymåne.
Önskar att jag kan hitta regnbågens slut.
Önskar något när jag kastar mynt i en brunn.
Om en önskning kan slå in,
skulle jag vilja bli fri.

En tanke

Jag skrattar, du skrattar.
Jag är ledsen, du blir ledsen.
Människor påverkar varandra
mer än vad du tror.

Grottan

Strövar omkring i skogen.
Står vid ingången till en grotta.
Tvekar om jag ska våga gå in.
Helt ensam.
Jag går in.
Den är djup.
Jag hör något, vet inte vad.
Jag skriker!
Det ekar.
Jag känner mig ensam.

Tusenfoting

Tänk dig att du har tusen ben.
Tänk om alla ben vill gå åt olika håll.
Vilket kaos det skulle bli.
Jag känner så när jag har många val.

Jag är fri

Jag ligger på bryggan.
Hör vattnet klucka.
Jag går ner i det kluckande vattnet.
Första simtaget är svalt.
En hög våg fattar tag i de dåliga tankarna.
Nu är vattnet helt stilla.
Det är bara vattnet och jag.
Jag känner mig fri, lätt som en fågel.

Fri som en fågel

Tänk att vara fri som en fågel.
Fälla ut mina vingar och flyga fritt.
Flyga dit näsan pekar utan att behöva planera.
Min största önskan är att vara fri och flyga och
vara fri som en fågel.

Ta min hand

Jag sträcker ut min hand.
Du tar den inte.
Jag ser att du kämpar.
Du vill gärna ta min hand.
Jag finns här för dig.

Ett stenåldersliv

Jag har ingen egen telefon,
den jag använder är gammal.
Jag har ingen egen dator med internet.
För att lyssna på musik
har jag en mp3 spelare.
Vill jag se på en film
blir det på en DVD spelare.
Jag lever inte ett modernt liv.

Ensam

Jag är ensam.
Ensamheten är inte min bästa vän.
Du är där när jag vaknar.
Du är där när jag äter frukost.
Du är där när jag kommer hem.
Du är där när jag somnar.
Du är alltid med mig men
du är inte min vän.

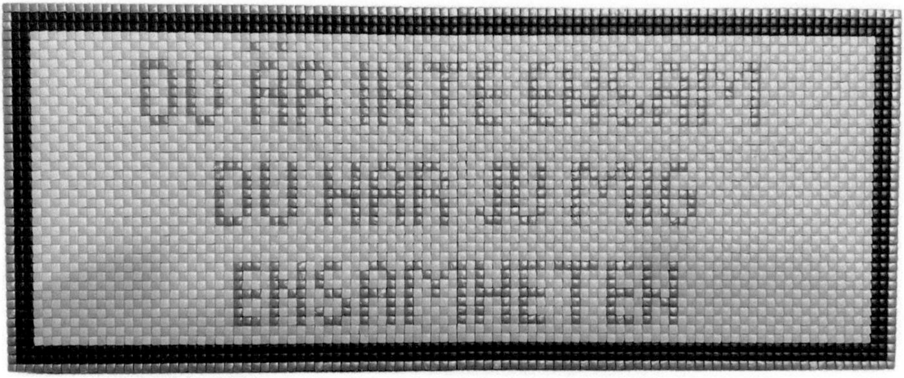
DU ÄR INTE ENSAM
DU HAR JU MIG
ENSAMHETEN

Glad som en lärka

Jag är glad att så många bryr sig om mig.
Det är roligt att lära sig nya saker.
Just nu mår jag bra och är glad för att jag lever.
Livet är underbart.

Jag vill lära mig nya saker

Jag måste våga prova
göra något jag inte kan.
Först är det jobbigt
att lära sig något nytt
men sen när jag kan det
är det rolig.
Jippi, jag klarade det!

Barn i början

Ingen kan nya saker på en gång.
Det är inte alltid lätt att lära sig nya saker,
men det är roligt att prova på saker
man inte har gjort tidigare.
Du kan mer än du tror.

Bestäm dig

Jag har svårt för att fatta beslut.
Rädd för att fatta fel beslut.
Men jag får inte vela fram och tillbaka.
Om jag har fattat ett beslut
får jag stå för det.

Jag är ingen hund

Jag gör saker på kommandon.
Gör som jag blir tillsagd.
Gör jag fel blir jag tillsagd.
Gör jag rätt får jag belöning.
Men jag är ingen hund,
även om jag blir behandlad som en hund.
Mat på bestämda tider.
Utgång tre gånger om dagen
som en hund som ska kissa.
Är jag snäll kanske någon bakar.
Kan inte bestämma vart jag ska gå.
Jag är instängd men inte i en bur.
Mitt liv är ett hundliv.
Jag blir lika ledsen som en hund
när jag blir lämnad ensam.
En hund står vid dörren,
ylar när matte går.
Lägger sig ner
och väntar tills matte kommer hem.
Då blir hunden överlycklig.
Jag lever ett hundliv.

Hundar viftar på svansen när
de är glada.
Men är de glada egentligen?
Jag är ingen hund.

Förr kände jag mig som en mus,
och jag var en mus.
Jag var tyst och sa inte vad jag tänkte och kände.

Jag känner mig som en gris,
men jag är inte en gris
Jag bökar med tankar och grubblar.

Jag känner mig som en råtta,
och jag är som en råtta.
När jag mår dåligt gömmer jag mig.

Jag känner mig som en fågel,
men jag är inte en fågel.
Jag kan inte bestämma över mitt liv.

Jag känner mig som en varg,
och jag är en varg.
Jag är hungrig på att lära mig nya saker.

Jag känner mig som en räv,
och jag är en räv.
Jag är bra på att lösa problem.

Jag känner mig som ett bi,
och jag är ett bi.
Jag blir arg och sticks när ingen lyssnar.

Jag känner mig som en uggla,
men jag är inte en uggla.
Jag tänker inte efter innan.

Jag känner mig som en bäver,
men jag är inte en bäver.
Det är mina tankar som gnager.

Jag känner mig som en orm,
och jag är en orm.
Jag är snabb och slingrar mig.

Jag känner mig som en häst,
och jag är en häst.
Jag sparkar bakut när jag blir arg eller rädd.

Jag känner mig som en åsna,
och jag är en åsna.
Jag är envis och vet vad jag vill.

Jag känner mig som en höna,
och jag är en höna.
Jag är virrig och kan inte bestämma mig.

Jag känner mig som en myra,
och jag är en myra.
Jag är flitig och tålmodig.

Jag känner mig som en hare,
och jag är en hare.
Jag är rädd att göra fel.

Jag känner mig som en struts,
och jag är en struts.
Jag stoppar ofta huvudet i sanden.

Jag känner mig som en oxe,
och jag är en oxe.
Jag är stark och klarar av mitt liv.

Jag känner mig som en mört,
och jag är en mört.
Jag har lätt att komma upp på morgonen.

Jag känner mig som en vessla,
och jag är en vessla.
Jag handlar snabbt utan att tänka efter.

Det är vindstilla.
Solen skiner.
Just nu känns allt bra.

Vattnet är varmt.
Jag simmar och simmar.
Jag är glad.
Tankarna är positiva.
Jag njuter.
Jag mår bra.

Molnen kommer sakta.
De blir fler och fler.
Jag funderar allt mer.
Nu är det är jättekvavt ute.
Det kommer att bli oväder.
Jag har svårt att få luft.
Jag mår dåligt.
Det börjar blåsa hårt.
Det bra måendet är bortblåst.
Ett träd faller ner på vägen.
Det är svårt att gå förbi trädet.
Himlen är kolsvart.

Jag mår jättedåligt.
Regnet smattrar mot marken.
Jag börjar gråta, kan inte sluta.
Det är storm.
Den ena jobbiga tanken avlöser den andra.
Ångesten försvinner inte.
Det börjar åska och blixtra.
Jag vill skrika ut min ångest.

Det blåser och regnar hela natten.
Ångesten följer mig.
Jag kan inte sova.

Blåsten har lugnat ner sig,
det har slutat regna.
Nu är jag inte lika arg och ledsen längre.
Molnen försvinner alltmer,
liksom ångesten

Nu skiner solen.
Himlen är alldeles klarblå.
Nu mår jag bra,
känner mig lugn och glad igen.
Jag kan inte förstå
ångesten och den brinnande ilskan
som nyss fyllde mig.

Jag saknar dig

Jag saknar våra telefonsamtal.
Saknar att skratta med dig.
Saknar att umgås med dig.
Saknar dig som vän.
Jag känner mig ensam.

HOPPAS ATT DU KÄNNER
HUR MYCKET DU BETYDER
FÖR MIG
DU ÄR MIN BÄSTA VÄN

Saknad

Jag har ingen kontakt med mina vänner.
Jag vågar inte ringa
för det har gått så lång tid.
Men jag saknar er.

Jag vill inte leva ensam

Jag vill leva med någon
och skaffa barn.
Men om jag inte kan
ta hand om mig själv,
hur ska jag då kunna
ta hand om ett barn?
När jag är ute kikar jag
efter barn i barnvagnar.
Det gör mig ledsen.
Jag skulle kunna skaffa ett husdjur
då har jag någon
att ta hand om.

Min häst Nora

Jag skulle vilja börja rida igen.
Det var mysigt att komma till stallet
och ge Nora morötter.
Jag saknar lukten av Nora.
Jag vill klappa henne
och känna den korta manen.
Nora jag saknar dig.

Att åldras

Jag börjar bli gammal.
Mitt gråa hår måste färgas.
Händerna är skrynkliga.
Ändå är min finmotorik bra.
Jag har åderbråck på benen.
Jag skäms.
Jag vill återvända till min ungdom
och bli ung igen.

Jag vill vara ett djur

Tänk att kunna leva utan krav,
slippa ta ansvar,
slippa fatta beslut.
Tänk att bli matad och klappad.
Tänk att ha någon som älskar en.

Mitt drömliv

Att kunna laga mat själv
och bestämma vad jag ska äta.
Att kunna pyssla med vad jag vill
och hur mycket jag vill.
Att kunna simma
och göra vattengymnastik.
Att kunna träffa vem jag vill.
Att kunna ha en egen telefon och dator.
Inget av detta kan jag göra här.

Höga krav

Jag får inte göra fel.
Inget som jag gör duger.
Om någon annan gör fel
gör det inget,
men om jag gör det
går världen under.

Om att träna

Jag skulle vilja träna varje dag,
men har svårt att komma igång.
Varje dag tänker jag:
Idag ska jag träna!
Men dagen går
och jag tränar inte.
Jag måste fatta ett beslut.

Leva i nuet

Folk pratar om medveten närvaro,
men jag har svårt att leva i nuet.
Antingen lever jag
i det förflutna eller så lever jag
långt fram i tiden.
Just nu är jag inte här.

Jag får inte

Jag får inte vara ledsen.
Om jag börjar gråta
säger personalen till mig:
Gå in på ditt rum och gråt.
Det är inte en kommentar
som jag vill höra.
Jag blir ledsen
som vilken människa som helst.
Jag ska skratta och vara glad
fastän jag inte är det.
Jag tycker det fel.
Alla människor är inte ständigt glada.

Någon att prata med

Jag vill prata med någon
som inte har något
med mitt liv att göra.
Jag har psykologen
men hon gör journalanteckningar.
Det sitter även en personal
med i rummet på våra samtal.
Mina föräldrar
kan jag inte prata med.
Jag har ingen utanför
som jag kan prata med.
Jag vill kunna säga exakt
vad jag känner och tycker.
Jag önskar att det fanns någon
som jag kunde prata med.

Värdelös

Jag är värdelös.
Jag kan ingenting.
Omgivningen säger
att jag inte är värdelös,
men i mina ögon
är jag värdelös.
Jag har livserfarenhet
men ingen kunskap.
Alla har jobb
och någon att leva med.
Jag har ingenting.
Jag är värdelös.

Hemlighet

Jag har en hemlighet.
Jag vill berätta den
men jag kan inte.
Det skulle vara skönt
att kunna dela den med någon.
Jag hoppas att jag en dag
ska våga berätta den.
Allt finns inom mig.
Jag har en hemlighet.

Bara du kan ändra på ditt liv

Om du vill göra en förändring
är det bara du som kan göra den.
Tänk efter innan du handlar.
Bara du kan ändra på ditt liv.

Jag faller som en sten

Alla hamnar under vattenytan
någon gång.
Jag faller ofta som en sten
till den djupaste delen
av havsbotten.
På havsbotten är det kolsvart.
Jag är livrädd och känner mig
ensammast i världen.
Ibland tittar jag upp mot ytan
och ser att det är ljusare.
Jag börjar simma.
Det blir ljusare och ljusare
desto högre upp jag kommer.
Men varje gång sjunker jag
allt djupare,
men hamnar inte på havsbotten.
Till slut är jag uppe.

Tankar

En tanke är en tanke.
De kommer och går.
Ibland blir du glad,
ibland blir du ledsen.
Ibland blir du arg, förvånad.
Det finns många typer
av tankar och känslor.
Men det viktigaste är att inse
att tanken
bara är en tanke.

Pennans kraft

Sitter ute och skriver.
Jag hör fåglarnas sång.
Känner den varma vinden.
Det är inte jag som väljer
vad pennan ska skriva.
Ibland skriver pennan
om roliga saker,
ibland skriver den om ensamhet,
ibland om frihet.
Jag håller bara i pennan.
Den bestämmer vad jag ska skriva.

Tålamod

Ordet klingar i mitt öra.
Det är viktigt att ha tålamod.
Jag har bra tålamod
när det gäller pyssel.
Men inte annars.
Jag vill att allt ska hända
nu på en gång.
Jag hatar att vänta.
Är man på psyk,
måste man ha tålamod.
Det handlar om år,
inte minuter.

Acceptera acceptera acceptera

Acceptera är ett viktigt ord för mig.
Ändå hatar jag ordet.
Jag måste acceptera
det liv som jag lever nu.
Jag måste acceptera
att jag inte är fri,
att mitt liv ser ut så här.

Linda

Jag tänker mycket
på min storasyster Linda.
Hur skulle mitt liv sätt ut
om hon hade levt idag.
Det är jobbigt
att det bara är jag
som kommer att kunna
ta hand om min mamma
när hon blivit gammal.
Om Linda hade levt,
hade jag varit lika ensam då?
Skulle jag vara på Psyk då?
Det finns inga svar på dessa frågor
men jag undrar,
hur mitt liv skulle sett ut
om Linda hade levt idag.

Blixtar och Dunder

Det kokar i mig.
Jag är så arg
att du kan koka ägg
på min panna.
Arg är kanske fel ord:
Jag är vansinnig!
Jag kan inte tänka
eller lugna ner mig.
Jag har aldrig
varit så arg som jag är nu.

Jag är ingen mördare

Kniven skär i dig.
Du blir hackad i små bitar
och brynt i stekpannan.
Tårarna öser ner
som när det ösregnar.
Det är omöjligt att sluta gråta.
Men jag är ingen mördare.
Jag hackar bara lök.
När löken är hackad
gråter jag inte längre.
Jag är glad och skrattar.

Maskrosen

När maskrosen slår ut
blir den blir knallgul.
Den gula färgen är härligt gul.
Efter ett tag blir blomman vit med frön.
När jag blåser på den
lossnar små fallskärmar
som sprider sig med vinden.
Nu står stjälken där
i sin ensamhet.

Sommaren

Jag älskar sommaren,
men det värsta är:
alla har semester då
och många aktiviteter
har sommaruppehåll.

Jag vill gärna att du visar mig
hur man gör.
Det ser verkligen roligt ut,
det som du gör.

Jag vill inte gå upp,
men jag vet att jag måste,
annars kommer jag för sent.

Jag ligger klarvaken och tänker,
varför du sa så till mig.
Du menar säkert inget illa,
men jag blev jätteledsen.

Jag vet att jag kan svaret,
men jag vågar inte räcka upp handen.
Jag är rädd -
ni kommer att skratta.

Jag hoppas att jag kan sluta
hata mig själv
och tycka att det jag gör
duger och ser bra ut.

Jag är inte dum,
men ingen har förklarat
hur man gör.
Kan du visa mig hur man gör?

Jag hatar dig.
Jag vill aldrig mer se dig igen.
Du sårade mig.
Jag blev jätteledsen.

Hissen

Hissen tar max 600 kg,
men vad väger min ångest?
Tänk om vi väger för mycket
och hissen fastnar!

Tänk efter innan du säger något.
Du kan göra någon ledsen,
fastän du inte menar något illa.

Jag har ett handikapp.
Men jag vill vara en helt vanlig människa.
Jag är lika vanlig som du
trots att jag har ett handikapp,
ett handikapp som inte syns.
Jag har två armar och två ben.
Jag kan pyssla, jag kan gå.
Jag behöver lika mycket hjälp
som en människa utan ben eller armar
Jag har en diagnos som inte syns.

Tänk vad hemskt,
snart är det vinter.
Det blir halt.
Bussar och tåg
kommer att få problem.

Om något går dåligt,
kan det bli bra ändå.
Allt kan inte gå som planerat.
Ändå det kan bli bättre
än det var i början.

Jag är stark,
starkare än Bamse.
Inte muskelstark, men viljestark.
Jag vill ändra mitt liv.
Har man viljan så kan man.
Har man den inte
är det omöjligt.

Jag är så arg så att det kokar.
Men det kan ingen se
för det är inom mig det kokar.

Varför sa du så till mig?
Du gjorde mig ledsen,
men jag vet
att du inte ville såra mig.

 KOMMER DU IHÅG
VAD DU
HAR SAGT

Permission

Känner den varma vinden.
Kan just nu bestämma över mitt liv,
bestämma när jag ska bada,
när jag äta och var.
Jag sätter mig vid datorn och skriver.
Jag umgås med familj och vänner.
Jag är fri och lever det liv jag vill leva.

Tillbaka från permission

Jag är fångad som en fågel i en bur.
Jag är inte instängd i en bur,
men inlåst på Psyk.
Alla dörrar är låsta
jag kommer inte ut.
Kameror överallt. Galler på altanen.
Mur runt hela huset.
Jag är inlåst
och kan inte bestämma något själv.

Mitt rum

Mitt rum är kalt och litet.
Liten toalett och dusch.
Ingen matta och ingenting på väggarna.
Sängen smal och hård.
Garderoben liten.
Teven är fastskruvad
uppe på garderoben.
Inte alls mysigt.
Inte alls hemtrevligt.

Avdelningen

Långa korridorer att gå i.
Mycket blommor i fönsterna.
Stor altan med mycket tomater.
Pingisbord i korridoren.
Liten telefonhytt.
Gångband att träna på.
TV rum med tv spel.
Personalen gör det så hemtrevligt
som de kan.

Avdelningens altan

Det finns galler runt altanen.
Ser ut genom gallret.
Känner mig instängd.
Utanför altanen,
träd och berg.
Jag vill vara
på andra sidan gallret.
Jag vill inte
vara instängd.

Alla människor är mördare

Vi tycker att det är hemskt med mord.
Men vi är också mördare.
Vi dödar inte människor
men vi kan slå ihjäl myggor,
spindlar och småkryp.
De som inte är vegetarianer
äter kött och fisk som dödats.
Vegetarianer kanske också är mördare,
de kan slå ihjäl en fluga.
De släcker en morots liv.
Alla människor på denna jord är mördare.

Jag bjuder dig på middag
och du blir glad.

Du ljuger.
Nej, jag talar sanning.

Jag grät mig till sömns
när du sa att jag gjorde dig ledsen.

Ber dig säga sanningen
även om jag blir ledsen.

Jag kan inte sova.
Jag ligger klarvaken och tänker på dig.

Vill du att jag ska stanna?
Jag vill att du går.

Jag vill lära mig allt.
Jag kan ingenting.

Jag blev glad
när du gav mig beröm.

Svara på frågan.
Jag vet inte.

Jag hör vad du säger,
men jag vet att jag har rätt.

Jag hatar dig,
men jag älskar dig.

Sjung inte för mig när jag fyller år.
Jag vill inte bli äldre.

Jag vill gå och lägga mig,
men jag vill inte somna ensam.

Du svek mig verkligen.
Jag vill aldrig träffa dig igen.

Du kan inte tvinga mig.
Måste jag göra som du säger?

Jag älskar sommaren,
men då har alla semester.

Snälla sudda ut mig
så att jag inte finns längre.

Det är jag som bestämmer över mitt liv,
inte livet som bestämmer över mig.